Joshua Peronno

Pour la gloire d'un seul Nom

Joshua Peronno

Pour la gloire d'un seul Nom

1 Corinthiens 10:31

Éditions Croix du Salut

Impressum / Mentions légales
Bibliografische Information der Deutschen Nationalbibliothek: Die Deutsche Nationalbibliothek verzeichnet diese Publikation in der Deutschen Nationalbibliografie; detaillierte bibliografische Daten sind im Internet über http://dnb.d-nb.de abrufbar.
Alle in diesem Buch genannten Marken und Produktnamen unterliegen warenzeichen-, marken- oder patentrechtlichem Schutz bzw. sind Warenzeichen oder eingetragene Warenzeichen der jeweiligen Inhaber. Die Wiedergabe von Marken, Produktnamen, Gebrauchsnamen, Handelsnamen, Warenbezeichnungen u.s.w. in diesem Werk berechtigt auch ohne besondere Kennzeichnung nicht zu der Annahme, dass solche Namen im Sinne der Warenzeichen- und Markenschutzgesetzgebung als frei zu betrachten wären und daher von jedermann benutzt werden dürften.

Information bibliographique publiée par la Deutsche Nationalbibliothek: La Deutsche Nationalbibliothek inscrit cette publication à la Deutsche Nationalbibliografie; des données bibliographiques détaillées sont disponibles sur internet à l'adresse http://dnb.d-nb.de.
Toutes marques et noms de produits mentionnés dans ce livre demeurent sous la protection des marques, des marques déposées et des brevets, et sont des marques ou des marques déposées de leurs détenteurs respectifs. L'utilisation des marques, noms de produits, noms communs, noms commerciaux, descriptions de produits, etc, même sans qu'ils soient mentionnés de façon particulière dans ce livre ne signifie en aucune façon que ces noms peuvent être utilisés sans restriction à l'égard de la législation pour la protection des marques et des marques déposées et pourraient donc être utilisés par quiconque.

Coverbild / Photo de couverture: www.ingimage.com

Verlag / Editeur:
Éditions Croix du Salut
ist ein Imprint der / est une marque déposée de
OmniScriptum GmbH & Co. KG
Heinrich-Böcking-Str. 6-8, 66121 Saarbrücken, Deutschland / Allemagne
Email: info@editions-croix.com

Herstellung: siehe letzte Seite /
Impression: voir la dernière page
ISBN: 978-3-8416-9977-0

Copyright / Droit d'auteur © 2015 OmniScriptum GmbH & Co. KG
Alle Rechte vorbehalten. / Tous droits réservés. Saarbrücken 2015

Je tiens à remercier, en premier lieu, Jésus pour m'avoir libéré et sauvé et chaque jour Il me donne la vie, c'est lui mon inspiration.

Merci à mes parents qui m'ont élevé dans le respect et la crainte de Dieu. Merci pour l'amour qu'ils m'ont manifesté depuis toutes ces années. Je ne serais pas ce que je suis sans leur affection et leur soutien.

Merci à mon église, tous, vous êtes ma famille en Christ, vous comptez tous pour moi et m'aidez dans mon cheminement sur le droit chemin. Je vous aime tous de l'Amour de Christ.

Un grand merci à toutes les femmes qui m'ont écrit ces petits mots d'encouragement, elles m'ont encouragé à persévérer. Merci.

Merci à tous ceux qui m'ont poussé à persévérer, et qui m'ont fait prendre conscience du don que j'avais. *Glorify you alone* n'existerait pas sans vous. Avant de vous être dédicacé, il l'est pour celui qui en est le centre et l'instigateur. Celui qui donne en abondance, celui qui sème généreusement : Jésus.

J'écris non pas pour la gloire, non pas pour la célébrité, non pas pour le succès, mais pour le bien de mon âme.

Rachel Joy Scott

Sommaire

1. Héroïnes 3
2. Aux femmes 4
3. Merci car Tu es là 5
4. Tout comme 6
5. Rencontre 7
6. Te rendre gloire 8
7. La lumière du monde 10
8. Toujours à mes côtés 12
9. Il nous connaît 14
10. Il t'appelle 15
11. Toi seul est Dieu 16
12. Libération, Amour, Protection 17
13. Digne 18
14. Still (*Tranquille) 19
15. Vivre et laisser mourir 20
16. Glorify You alone 21
17. Dans le doute ou la difficulté… 23
18. L'Amour 24
19. Viens à Lui 26
20. Nouvelle année 27
21. Papa 28
22. L'espoir que tu me donnes 30
23. Prends ta place ! 32
24. Quand t'es dans le désert 33
25. Mon espérance 34
26. Rien ni personne 35
27. De ton amour 36
28. Nous croyons en toi 37
29. T'adorer 38
30. Mélanie, gâche pas ta vie 39
31. Imagine-toi 42
32. Tu es tout pour nous 43
33. Imagine 44
34. 5000 hommes 47
35. Pour la gloire d'un seul Nom 48
36. Offrande 49
37. Le père noël 50
38. Mon père, je t'adresse cette prière 52
39. Dieu créateur 54
40. Faire ta volonté 55
41. Une chose demeure 56
42. Apprendre de ses erreurs 57
43. Le combat spirituel 59
44. Contraste 60
45. Page blanche 61

Héroïnes

Ester, Ruth, Marie, Ane, Débora,

La Bible cite tant de femmes ;

Héroïnes d'hier…

L'Amour que vous portez en vous,

Vos prières pour vos familles et l'Église,

L'instruction que vous nous transmettez,

Mais par-dessus tout, votre amour pour Dieu

Font de vous les héroïnes d'aujourd'hui.

Aux femmes

Femmes parmi tant d'autres

Mais uniques aux yeux de celui qui vous aime,

Femmes parmi tant d'autres

Mais héroïnes au quotidien,

Femmes parmi tant d'autres

Mais aide, appui, soutien pour les hommes.

Mères parmi tant d'autres

Mais amour incommensurable,

Mères parmi tant d'autres

Mais oreille attentive,

Mères parmi tant d'autres

Mais filles du Père Céleste,

Mères parmi tant d'autres

Mais idéales aux yeux des enfants.

« Et moi, je suis avec vous jusqu'à la fin du monde » Matthieu 28.20

<u>Merci car Tu es là</u>

Quand je me lève, merci

Quand je vois, merci

Quand Ta vie m'anime, merci

Quand Tu réalises mes rêves, merci

Quand je mange et je bois, merci

Quand ta vie m'enivre, merci

Quand tout va mal, Tu es là

Quand je défaille, Tu es là

Quand je doute, Tu es là

Quand j'ai mal, Tu es là

Quand l'ennemi me tiraille, Tu es là

Quand, sous mes pieds, s'effondre la route, Tu es là.

Tout comme

Tout comme l'oiseau sur sa branche

Déploie ses ailes et prend son envole,

Mon esprit vers toi s'élève

Quand Tu m'enivres de ton Amour.

Tout comme l'oiseau guilleret chante

Et d'un petit gazouillement charme mon oreille,

Mon âme proclame tes louanges

Quand Tu m'enivres de ton Amour.

Tout comme l'aigle se laisse porter par le vent

Et s'élève de plus en plus vers Toi,

Mon cœur se réjouit en Toi

Quand Tu m'enivres de ton Amour.

Rencontre

Je t'ai rencontré un jour

Et ma vie changea pour toujours

Grâce au don de Ton merveilleux Amour.

Tu transformas ma vie si triste

Par Tes talents d'artiste

Et Tu m'as conduit sur la bonne piste.

Quand je tombe Tu me tends la main,

Quand je m'éloigne Tu me retiens,

Et Tu me protèges à temps plein.

Comme cadeau je n'ai à t'offrir

Que ce don que Tu m'as donné : écrire

Pour pouvoir te dire :

Combien je t'aime, combien Tu me rends heureux,

Combien, ô Jésus, je te suis reconnaissant à vie,

Et par-dessus tout, même si c'est bien peu, te dire merci.

Te rendre gloire

Au commencement J'étais là, au commencement Je pensais à toi,

La terre est remplie de Ma gloire, il te suffit d'ouvrir les yeux pour la voir.

Cependant, le monde que J'ai façonné M'a vite oublié, et même rejeté :

Le sacrifice de l'Amour Parfait ne semble pas le préoccuper.

Un Père qui souffre à l'idée de voir Son Fils cloué

Sur une croix d'où Son sang coula pour toi ;

Un Fils qui pour eux avait fait des miracles si nombreux :

Résurrections, guérisons, Il a chassé des démons,

Dominé les éléments, multiplié les aliments,

Il nous a même évité les tourments et arraché des griffes de Satan,

L'ange déchu, l'ange perdu.

Mais toi qui crois qu'Il a fait cela pour toi,

Toi qui vis aujourd'hui, tourne les yeux vers Lui car Il te donne la vie,

Il te tend une main, saisis-la car d'elle coule tout en abondance :

La paix, l'amour, la joie et plein d'autres bienfaits. Quelle chance

Nous avons d'avoir un Dieu si grand, si puissant,

Si majestueux, si miséricordieux !

Il te relève quand tu tombes, Il est lumière quand tout est sombre,

Il est le chemin, la vie, la vérité pour toi qui l'as accepté,

Il te console, Il te porte et c'est Lui qui ouvre les portes.

C'est de Lui que tout provient, alors célèbre-Le comme il convient.

Vers Lui élève ta voix, aspire à marcher dans Ses pas,

Car ce qu'Il a fait pour toi, tu ne le méritais pas.

Le don de l'Amour Parfait ne pourra jamais être égalé,

Alors ouvre les yeux et admire la beauté de Celui que tu es appelé à servir,

Le Seigneur, ton Dieu : Je suis. Tel est son nom de générations en générations.

Il a un désir : être ton ami et vivre avec toi une relation

Basée sur la confiance et la foi, l'étude de Sa parole, l'écoute de Sa voix.

Tu en seras richement béni(e), n'oublie pas, tu « peux tout par Celui qui te fortifie ».

La lumière du monde

Et Dieu créa la lumière :

Guide pour tous les hommes,

Chaque jour Elle nous éclaire,

Chaque jour Il nous la donne.

En haut du ciel nous la contemplons,

Du haut Elle nous voit.

Sans Elle nous mourons,

A nos besoins elle pourvoit.

Mais dans sa demeure céleste

Elle ne put se résoudre à rester.

Voulant que chacun teste

Son Amour et Sa bonté.

Alors Elle est descendue

Pour subir la condamnation.

Elle a pris la place qui nous était due

Pour nous éviter la perdition.

Les ténèbres n'ont su la retenir,

Au bout de trois jours Elle se mit à jaillir

De nouveau, pour que tous à Son contact

Ouvrent les yeux et contemplent le spectacle.

Cette Lumière merveilleuse, éternelle,

Qui éclaire tous ceux qui sont perdus,

Aujourd'hui t'appelle

Et Son nom est JESUS.

Je me couche et je m'endors je me réveille car l'Eternel est mon soutien. Psaumes 3.8

<u>Toujours à mes côtés</u>

Le jour se lève et te voilà,

Fidèle et tout près de moi.

Toute la nuit tu as veillé

Sur mon sommeil agité.

La journée commence, tu restes,

Tu me gardes, tu me préserves,

Tu me guides, tu m'entoures

De ton merveilleux Amour.

Je te remercie,

Je te remercie

D'être toujours à mes côtés,

Je te louerai, oui, à jamais !

A chaque instant de la journée

Tu me protèges du danger.

Ta main puissante me comble

De nombreuses bénédictions.

Alors que vient la nuit

Ta lumière resplendit,

Alors du fond de mes rêves

Une prière s'élève.

Je te remercie,

Je te remercie

D'être toujours à mes côtés,

Je te louerai, oui, à jamais !

Il nous connaît

Rien ne vaut tout ce qu'Il peut m'offrir.

Aucune parole ne vaut ce qu'Il a me dire.

Aucune amitié ne vaut le plaisir d'être avec Lui.

Aucun amour ne dépasse le prix de Sa vie

Donnée pour ceux qu'Il a créés.

Aucune puissance ne dépasse Sa Majesté.

Aucun savant ne peut prétendre savoir

Autant que Lui : Celui qui peut tout voir.

Aucun pouvoir n'est supérieur au Sien,

La vie lui appartient.

Son pardon est sans égal,

Envers nous Il sera toujours loyal.

Il est en tous points parfait

Et comble de tout cela : Il nous connaît !

Il t'appelle

Et si tu te décidais à L'écouter,

Et si tu commençais à parler,

Mais pas à n'importe qui :

A celui qui t'a donné la vie.

Chaque jour Il t'ouvre les bras

Pour te donner la joie,

La paix et l'Amour que tu recherches.

Au lieu de cela tu pêches,

Au lieu de cela tu l'oublies,

Et pire tu le renies.

Tu fais comme s'Il n'existait pas,

Tu dis même qu'Il n'existe pas,

Mais pense à ce qu'un Père pour toi a fait :

Il a laissé son fils unique se sacrifier

Pour que, par sa mort et sa résurrection,

Tu puisses obtenir le pardon

Pour tous tes péchés, même les plus grands.

Aujourd'hui encore, il prononce ton nom

Et attend patiemment

Que tu cours vers Lui. Ne dis pas non.

Toi seul es Dieu

Je ne me prosternerai pas,

Je n'adorerai pas

Une statue, fusse-t-elle dorée,

Même si on m'y obligeait,

Car Toi seul es Dieu.

Je te louerai chaque jour,

Je veux te voir et t'entendre chaque jour,

Car je sais que Tu es là

Et que Tu désires cela,

Car Toi seul es Dieu.

J'irai de par le monde,

Je ferai ce que Tu demandes,

Car c'est là Ton commandement

« Allez et faites des nations des disciples ».

Je proclamerai Ton nom,

Je redirai ce que Tu as fait pour nous,

Jamais je n'abandonnerai,

Car Toi seul es Dieu.

1-Libération

J'adorerai l'Eternel car Il est digne,

J'adorerai l'Eternel car Il est saint,

Il m'a libéré de la mort et du péché,

Et à jamais Il m'a pardonné.

2-Amour

Sur ses mains on peut voir le signe

De l'Amour, la marque de la souffrance et du pardon divin.

C'est pourquoi, en tout temps en tout lieu, je remercierai

Le prince de paix, le Bon Berger.

3-Protection

Chaque jour Il me guide et me protège

Sur la route qu'Il aplanit sous mes pas,

Et même quand l'ennemi me tend un piège,

Je suis sans crainte car Il est là.

Digne

Digne de louanges,

Digne d'adoration,

Auteur du salut divin,

Créateur de la vie,

Dieu d'éternité,

Père aimant,

Esprit consolateur,

Tel que je suis je veux te dire « je t'aime ».

<u>Still</u> (*inspiré du chant d'Hillsong*)

L'orage gronde,

La grêle tombe,

La mer se déchaîne,

Le vent souffle,

Le feu consume,

Mais Toi, Seigneur, Tu restes là.

Tu apaises ma vie,

Ta présence me rassure,

Avec Toi je ne crains rien,

Ma vie est dans tes mains,

Tu es mon repos, mon abri.

Vivre et laisser mourir

Aujourd'hui on réclame le droit de mourir,

Pour soi-même ou pour autrui.

Alors quoi ? La vie ne vaut plus le coup ?

Malade ou pas, désespéré ou non !

Si aujourd'hui tu es encore en vie,

Si aujourd'hui ton cœur bat, c'est par Lui !

Celui qui pour toi a payé,

Celui qui pour toi a souffert.

Il a été abandonné par son Père

Pour pardonner tous tes péchés,

Pour t'éviter une éternité en enfers.

Mais toi, tu demanderais à mourir ?

Alors que le Dieu de la vie

A décidé de t'accorder un sursis.

Il ne devrait pas y avoir débat,

Même si c'est dur, je le conçois.

Mais si Jésus sur la croix

A pris tes souffrances, tes peines,

Tes fardeaux, tes maladies,

Il peut te guérir aujourd'hui,

Alors pourquoi vouloir mourir

Si le Dieu de la vie peut te guérir ?

Glorify you alone

Dans tout ce que je fais,

Dans tout ce que je dis,

Je veux te célébrer

Et chanter ton amour infini.

Dans tout ce que je pense,

Dans tout ce que je vois,

La plus grande évidence

Est que tu es le Roi des rois.

Glorify you alone

C'est le cri de mon cœur,

Mon désir le plus cher,

Au-delà de toutes mes peurs

Me rapprocher de ton cœur de Père,

T'aimer comme Tu m'aimes.

Glorify you alone

C'est ma raison de vivre,

C'est ma raison d'écrire,

C'est mon hymne, c'est mon chant,

Et je sais que Tu l'entends,

Aimer comme tu aimes.

Glorify you alone

Pour me rapprocher de Toi,

Pour suivre tes voies,

Courir dans Tes bras,

Ecouter le doux son de Ta voix,

L'aimer comme tu l'aimes.

* Glorify You alone : Te glorifier Toi seul

<u>Dans le doute ou la difficulté...</u>

L'homme : « Pourquoi ? Pourquoi moi ?

Pourquoi maintenant ? Pourquoi ? »

Jésus : « T'inquiète, fais-moi confiance

T'ai-je déjà donné une occasion de douter ?

T'ai-je déjà abandonné ? Patience,

Tu t'en sortiras, Je suis à tes côtés.

L'homme : « Facile à dire, on voit que tu ne te mets pas à ma place ! »

Jésus : « Réfléchis un instant, ne vois-tu pas ce que j'ai fait ? »

L'homme : « Non, ma situation n'a pas changé... »

Jésus : « J'ai pris ta place. »

1 corinthiens 13. 4-8

<u>L'Amour</u>

L'Amour est venu.

Des cieux Il est descendu,

Il nous montre le chemin,

Il nous tend la main.

L'Amour nous aime

Et brise nos chaînes,

L'amour nous libère et nous rend fort,

Et Il nous pardonne nos torts.

L'Amour est source de vie,

Il est grand, infini,

L'Amour est juste et fidèle,

Majestueux, Eternel.

L'Amour, pour nous, a versé son sang,

L'Amour a un nom puissant,

Rien n'est impossible à l'Amour,

Il agira pour toujours.

L'Amour nous soutient,

Il nous tient dans sa main,

Il nous parle et nous écoute,

Il dissipe nos doutes.

L'Amour est véritable,

Il est admirable,

L'Amour appelle les âmes perdues,

L'Amour a un nom : Jésus.

Viens à Lui

Si dans ta vie tout est sombre,

Si ta vie n'est qu'une ombre,

Si ton cœur saigne,

Si tu as l'âme en peine,

Si tu vois tout en noir,

    Viens à Lui.

Si tout n'est que désespoir,

Si tu sens opprimé,

Mal-aimé, délaissé,

Si tu veux en finir avec la vie,

Si tu crois que tout est fini,

    Viens à Lui.

Il t'accueille les bras ouverts

Comme le ferait un père,

Il t'accepte tel que tu es,

Il t'aime pour qui tu es,

Il prendra soins de toi

Et guidera chacun de tes pas.

Alors abandonne toi à Lui,

Donne-Lui tout : ton futur, ton passé, ta vie.

Tourne-toi vers le seul vrai Consolateur,

Le Roi des rois, le Sauveur,

Ton meilleur ami : Jésus.

Nouvelle année

Une nouvelle année arrive

Mais cela ne change rien,

J'ai la même perspective :

Faire ce qui est bon et saint.

Lorsque je regarde en arrière

Je vois toutes mes erreurs,

Qu'elles ne soient pas une barrière

Pour demain, car Tu veux mon bonheur.

Pour cette nouvelle année : ne rien changer,

Aller plus loin avec Toi est mon désir,

Te découvrir, apprendre à mieux T'aimer,

Te suivre chaque instant pour grandir ;

Grandir en sagesse et en foi,

Grandir en patience et en Amour ;

Amour pour ce monde qui a besoin de Toi,

Amour pour ce monde que Tu aimes depuis toujours.

Nouvelle année, même Seigneur :

Plusieurs siècles sont passés, tu restes le même.

Nouvelle année, même Sauveur :

Plusieurs générations écoulées, tu restes le même.

Papa

Papa, c'est ce que tu es pour moi,

Un père aimant, doux, à l'écoute.

Pardonne-moi, car longtemps il y a eu un doute

Et c'est la première fois

Que je t'appelle papa.

Papa, derrière ce mot il y a tout :

Ce dont j'ai besoin, ce que tu me donnes,

Une oreille attentive, un cœur qui pardonne,

Un regard bienveillant, des paroles douces.

Papa, cette dimension de Toi que je ne connaissais pas,

Cette partie de ton caractère que j'ai négligée,

Ce mot que tu as créé

Pour me rapprocher de Toi.

Papa, c'est ce que tu es pour moi,

Plus qu'un ami, un confident :

Tu sais ce que je ressens,

Tu guides mes pas.

Papa, c'est ainsi que je t'appellerai,

C'est le mot parfait pour te décrire,

Et quand vient le pire

Tu es là, à mes côtés.

Papa, merci pour tout ce que tu fais pour moi :

Tu m'enseignes la vie, tu traces mon chemin,

Tu m'as adopté dans ta grande famille. Enfin

Tu as donné ton fils pour moi, mort sur une croix.

Tu es mon Père céleste,

Tu m'as donné un père terrestre

Qui est une image de ce que tu es

Dans ses qualités,

Et que j'apprends à aimer

Tel qu'il est.

L'espoir que tu me donnes

Vivre à tes côtés,

Te louer chaque jour,

En toi demeurer

Pour toujours.

Dépendre de ta main,

Faire ta volonté,

Tu réponds aux besoins,

De mon fardeau tu t'es chargé.

L'espoir que tu me donnes :

La vie que tu m'offres,

Ta mort me pardonne.

L'espoir que tu me donnes :

Une vie en abondance,

Ton amour m'environne.

Ta parole a créé

Le monde et les éléments,

Ta volonté les soumet,

Ta voix calme le vent.

Ton sang a coulé

Sur cette croix,

Le prix est payé

Pour celui qui croit.

L'espoir que tu me rends :

Une vie meilleure,

Loin de tout, loin du temps.

L'espoir que tu me rends :

Mon passé oublié, mon futur tracé,

Ma vie est entre tes mains. Je n'ai plus rien à craindre.

Prends ta place !

Lève-toi ! Bats-toi !

Prends ta place !

Tu as été appelé par Dieu ; placé là où tu es.

Protège ta famille ! Prie pour tes amis !

Conduits tes enfants ! Éloigne-les de Satan !

Ne baisse jamais les bras ! Regarde toujours vers la croix !

Homme de Dieu : ouvre les yeux !

Fortifie-toi ! Instruits-toi !

Que la Parole soit ton épée ! Que de ta bouche sorte la vérité !

Sois juste et droit ! Respecte la Loi ! Celle de Dieu et non celle des hommes !

Aucun compromis avec ce que ce monde te dit !

Soldat de l'Eternel, sois honnête et fidèle ! Sois cet exemple pour tes enfants !

De Vérité, Justice, Amour, Pardon et compassion !

Prends ta place !

Là où tu es, sois cet exemple pour ta femme ! Entretien sa flamme !

Soutiens-la jour et nuit car tu lui as promis !

Que ta vie soit cet exemple de prière ! Tu es un souverain sacrificateur !

Prends ta place !

Quand t'es dans le désert

Quand t'es dans le désert, marcheur solitaire,

Tu cris, tu désespères dans ce monde austère.

Dans ce désert aride, perdu, isolé,

Tu recherches un guide, quelqu'un pour t'aider.

Tout vacille, tout s'effondre sous tes pieds chanc'lants,

Au loin tu vois une ombre, quelqu'un qui t'attend.

Il te tend la main, à toi d'la saisir,

N'attends pas demain Il veut te bénir.

Son nom est Jésus, Il est fils de Dieu,

Il est bon saint et juste miséricordieux.

Il a donné sa vie pour toi à la croix,

Il te dit aujourd'hui : Je t'aime, viens à moi.

Ton péché pardonné avance-toi sans crainte,

Ta vie restaurée accepte son étreinte.

Mon espérance

Toi mon abris et mon soutien,

Mon cœur t'adore.

Toi mon seul et unique bien,

Mes lèvres t'honorent.

Je place mon espérance en toi

Car tu es là près de moi,

A chaque instant,

Sauveur vivant.

Tu as donné sur la croix

Ta vie pour moi,

Aujourd'hui je te remercie,

Toi mon ami.

Jésus, toi mon seul maître,

Je te loue.

Jésus, toi mon seul maître,

Je te loue.

Tu es mon espérance.

Rien ni personne

Rien ni personne ne nous séparera,

Rien ni personne ne se dressera entre toi et moi.

Ton amour m'environne, je me confie en toi,

Ta grâce me pardonne, je dépends de Toi.

Rien ni personne ne détruira ce que tu as fait pour moi,

Rien ni personne n'effacera le prix payé à la croix.

Ton amour m'environne, je t'adore mon roi,

Ta grâce me pardonne, je me prosterne devant toi.

<u>De ton amour</u>

De ton amour coule la vie sans compromis,

De ton amour coule le pardon envoyé par compassion,

De ton amour coule l'espoir, une raison de croire.

De ton amour infini, de ton amour parfait,

Roi et ami, Père parfait,

Amour incomparable, Amour inébranlable,

Inconditionnel, Éternel,

De ton amour véritable, de ton amour charitable

Coule la bénédiction et tout ce qui est bon.

Nous croyons en Toi

Nous croyons en Toi, nous croyons en Toi,

Tu es le fils de Dieu, Tu es le roi des cieux.

Nous croyons en toi, nous croyons en Toi,

Tu es notre Seigneur, Tu es notre Sauveur.

Nous élevons Ton nom, nous nous soumettons.

Nous croyons en toi, nous croyons en Toi,

Tu nous as aimés, Tu es glorifié.

Nous croyons en toi, nous croyons en Toi,

Tu es trois fois saint, Tu es le chemin.

Toi la vie et la vérité, mort pour nos péchés,

Agneau de Dieu Tu es glorieux,

Tu es notre abri, Tu es notre ami.

T'adorer

A genoux devant ta majesté,

Humble devant ta sainteté,

En adoration devant ta royauté,

Te remerciant pour ta bonté.

Je t'adore, ô mon roi,

Toi qui nous guéris, Toi qui nous délivres,

Toi qui nous aimes, Toi qui nous guides.

Je t'adore, puissant sauveur,

T'adorer en esprit et en vérité,

T'adorer à jamais,

T'adorer simplement, te remercier.

Mélanie, gâche pas ta vie

Seule et abandonnée,

Triste et désespérée,

Tu cherches une épaule pour pleurer,

Une oreille attentionnée.

Tu te sens incomprise,

Battue à maintes reprises,

Mélanie, laisse-moi te dire "Ton corps n'est pas une marchandise,

Tu as de la valeur, quoi qu'on en dise".

Mélanie, gâche pas ta vie

A courir après un bonheur qui te fuit.

Non, ta vie n'est pas foutue,

Tout n'est pas perdu.

Mélanie, gâche pas ta vie,

Ton futur n'est pas écrit,

Tu as le droit au bonheur,

Ne te laisse pas définir par tes erreurs.

Tant de fois délaissée,

Trompée, abusée,

Jamais aimée, toujours désirée,

Tu penses que ta vie est gâchée.

Laisse-moi te dire, Mélanie,

Que le bonheur est encore possible :

Le véritable Amour existe,

Il peut restaurer ta vie.

Mélanie, gâche pas ta vie

A courir après un bonheur qui te fuit.

Non, ta vie n'est pas foutue,

Tout n'est pas perdu.

Mélanie, gâche pas ta vie,

Ton futur n'est pas écrit,

Tu as le droit au bonheur,

Ne te laisse pas définir par tes erreurs.

Peu à peu tu retrouves le sourire,

Tu laisses derrière toi le pire,

Tu arrêtes de te mentir,

Tu te sens revivre.

La source de ton bonheur est en Lui,

Ton avenir est fait d'espoir infini,

Il a reconstruit ta vie,

Il t'a relevée, transformée, et bénie.

Mélanie, ton bonheur retrouvé,

Tu considères toutes les opportunités,

Ta nouvelle vie commence grâce à Lui,

Tu loues son nom : Jésus-Christ.

Oui ce Jésus, fils de Dieu,

Peut te rendre vraiment heureux

Si tu places en Lui ta confiance,

Ta foi, ton espérance.

Comme Mélanie, Il peut changer ta vie,

Garçon ou fille, grand ou petit,

Peu importent ton âge, tes problèmes,

Il est Grand, Bon, Dieu Suprême.

On connaît tous des "Mélanie" qui sont au plus bas dans leur vie personnelle, qui n'ont aucune estime d'eux-mêmes. Soit rejetées, humiliées, abusées, elles ont le plus besoin d'entendre parler de Jésus. Le **SEUL** qui peut les restaurer.

Imagine-toi

Imagine-toi avec tous les anges,

Tu adores et tu chantes

Les louanges du roi.

Imagine-toi face au Créateur

Des merveilles que tu vois chaque jour,

Il est là, avec toi,

Il te comble d'amour et de joie.

Imagine-toi en face du Fils

Qui pour toi a donné sa vie,

Il te montre ses mains et ses pieds,

Son côté percé.

Imagine-toi avec l'esprit saint,

Consolateur, ami et puissance,

Il est là, promis par le Seigneur pour guérir, restaurer et bâtir.

Ce Dieu trois fois Saints t'as créé et accepté dans sa maison,

Il t'accueille les bras ouverts,

Il t'aime tant,

Et maintenant dans sa présence, tu es pleinement toi.

Tu es tout pour nous

Tu es tout pour nous :

Notre abris dans la tempête.

Tu es tout pour nous :

Notre refuge dans le danger.

Tu es notre Seigneur,

Notre merveilleux Sauveur,

Offert en sacrifice

Pour nos pêchés.

Sur une croix cloué ;

Infâme supplice.

Ta loi est gravée

Dans nos cœurs purifiés.

Nos vies sont rachetées

Par l'Amour incarné.

Le fils a souffert,

Le père a offert.

Imagine

Tu vis sur la terre

Une vie éphémère,

Mais penses-tu à demain ?

Car le Seigneur revient.

Imagine, Il est là,

Enfin tu peux le voir.

Imagine, Il est là,

Juste devant toi.

Que dirais-tu ?

Où te cacherais-tu ?

Te tendra-t-il les bras ?

Est-ce qu'il te rejettera ?

Imagine, Il est là,

Enfin tu peux le voir.

Imagine, Il est là,

Juste devant toi.

Le fils te montre ses mains

Percées pour te sauver,

Il t'aime et te pardonne,

Toi qui l'as accepté.

Imagine, Il est là,

Enfin tu peux le voir.

Imagine, Il est là,

Juste devant toi.

Et avec tous les anges,

Vous proclamez ensemble

La gloire du Très-Haut,

L'honneur du Dieu très saint.

Imagine, tu le vois,

Environné de gloire.

Imagine, tu le vois,

Sa présence te remplit.

Et tu entends sa voix

Qui te murmure tout bas,

"Bon et fidèle soldat

Tu fais toute ma joie,

Je t'accueille avec moi,

Sois le bienvenu chez toi,

L'éternité t'attend,

Tu es libre mon enfant".

Imagine, tu le vois,

Environné de gloire,

Imagine, tu le vois,

Sa présence te remplit.

5 000 hommes

5 pains, 2 poissons, 5 000 hommes,

1 Dieu puissant, 12 hommes (incrédules),

1 miracle incroyable, 1 démonstration divine,

1 Dieu capable, 1 don infime.

5 000 hommes affamés, 1 garçon plein de compassion,

1 prière de foi sur la colline, grande est l'émotion.

Le miracle extraordinaire, possible grâce à un enfant

Qui a mis à disposition le peu dont il disposait ;

De ce peu, Dieu à multiplié

Pour nourrir hommes, femmes et enfants.

Pour la gloire d'un seul Nom

J'écris pour la gloire d'un seul Nom,

Elevé au-dessus de tous les autres.

J'écris pour la gloire d'un seul Nom,

Jésus-Christ, mort à cause de nos fautes.

Que son Nom seul soit élevé,

Car pour nous il a payé

Un châtiment immérité,

Nos pêchés sont pardonnés.

Pour la gloire d'un seul Nom,

Fort et puissant. Amour et pardon.

Jésus-Christ, sauveur et ami,

Par qui tout est accompli.

Pour la gloire d'un seul Nom,

Tout a été créé :

Le ciel, les hommes, le monde ;

Œuvre parfaite et sacrée.

J'écris pour la gloire d'un seul Nom,

Un nom qui sauve et guérit.

C'est encore vrai aujourd'hui,

Le plus grand de tous les noms.

Offrande

Je t'apporte en ce jour

Une offrande, gage de mon amour.

Je veux réjouir ton cœur

Et te plaire, ô Seigneur.

Je t'apporte aujourd'hui

Une offrande : ma vie.

Accepte-la tendrement,

Je viens à toi humblement.

Je t'apporte ce matin

Une offrande au creux de mes mains,

Pour toi qui, innocent et rejeté,

A donné ta vie sans regrets.

Cette offrande, bien petite

Comparée à ta grâce,

Est néanmoins sincère.

Je t'aime mon Père .

<u>Le père noël</u>

À tous les enfants malades

D'Europe, d'Afrique et d'Inde...

Chaque année il fait sa grande balade

Et apporte bonheur et cadeaux à toute berzingue.

Comme dans le lièvre et la tortue,

Le premier n'est pas celui en qui on a cru.

Selon le mythe, Petit Papa Noël

Est descendu du ciel.

Adulé dans les chansons

Parmi les dieux de ce monde.

Oui ! Bien avant le gros bonhomme rouge,

Un autre est venu du ciel, et bien réel celui-là !

Noël lui est dédié pour fêter son arrivée

Parmi nous, pour guérir et sauver,

Par Amour pour l'humanité.

Que l'on y croie ou pas,

Ce jour-là l'a vu naître

Dans une crèche,

Entouré de ses parents,

Adoré par les anges.

Comme cadeau il a donné

Sa vie, sans regret ni compromis,

Jamais personne ne l'avait fait

Et ne le referait.

Si la vie d'un innocent pardonne

Une fois pour toutes,

Sincèrement viens à lui.

Mon père, je t'adresse cette prière

Mon père, je t'adresse cette prière :

Je me rends compte que ma vie est éphémère.

Reçois mes supplications,

Ecoute mes aspirations.

Coule en torrent, répand ta grâce,

Sauveur vivant, montre-moi ta face,

Réponds à mes questions,

Donne-moi la solution,

Entends ma plainte,

Dissipe mes craintes.

Mon père, je t'ouvre mon cœur :

Je te confie mes peurs,

Je t'offre ma vie.

Soutiens-moi je t'en supplie,

Soutiens-moi sur la route,

Soutiens-moi dans le doute,

Garde-moi de ne pas tomber,

Apprends-moi à marcher dans l'humilité.

Je veux avoir une vie sainte,

Comme l'a écrit Paul à Corinthe.

Mon père, je t'adresse cette prière

D'un cœur vrai et sincère :

Merci pour la croix

Et ton sang versé pour moi,

Je ne pourrai jamais décrire,

Je ne pourrai jamais dire

Tout ce que tu as accompli

Depuis le début de La vie.

Dieu créateur

Il n'y avait rien

Jusqu'à ce que Tu étendes ta main.

De ta parole Tu créas le ciel,

La terre, la vie, tout à merveille.

Dieu créateur,

Façonne mon cœur.

Consolateur,

Eloigne mes peurs.

Quand je regarde autour de moi,

Je ne vois que toi.

La nature, avec beauté,

Célèbre ta majesté.

Dieu créateur,

Révèle ta grandeur.

Consolateur,

A toi l'honneur.

Ton œuvre est parfaite,

La science l'atteste.

Ta parole est puissante,

Ta main bénissante.

Dieu créateur,

Tu veilles à chaque heure.

Consolateur,

Fils Rédempteur.

Faire ta volonté

A chaque pas que je fais,

Que je fasse ta volonté.

Dans toutes mes décisions,

Je veux glorifier ton nom.

Je veux faire ta volonté

Dès aujourd'hui et à jamais.

Proclamer la vérité, la vie,

La guérison et les bénédictions.

Aller et faire des disciples

De chaque peuple et dans chaque nation.

Une chose demeure

Au-delà de toutes peines,

Par-dessus la haine,

Une chose demeure.

Au-delà de toutes douleurs,

Par-dessus la rancœur,

Une chose demeure.

Au-delà de la solitude,

Par-dessus la lassitude,

Une chose demeure.

Une chose demeure par-dessus toute autre chose,

Au-delà de tout sentiment morose,

C'est l'Amour incarné

Par le sacrifice d'un Homme parfait,

L'Amour d'un Dieu unique et aimant,

D'un Père compatissant.

Une chose demeure :

C'est l'Amour du Sauveur

Jésus Christ, mort et ressuscité

Pour le pardon des péchés.

Apprendre de ses erreurs

Apprendre de ses erreurs,

Vaincre ses peurs,

Croire que tout est possible

Pour atteindre la cible.

Aimer ses ennemis,

Oublier les torts commis,

Ceux qu'on a fait, ceux qu'on nous a fait,

C'est ça pardonner.

Reconnaître ses erreurs,

Oublier ses peurs,

Ne pas laisser passer sa chance,

Etre confiant, avoir de l'assurance.

Ne plus recommencer

Les erreurs du passé,

Car sur la croix

Jésus à souffert pour toi.

Etre pur, être droit,

Etre intègre est un choix,

Le respecter chaque jour,

Voilà la preuve de ton amour ;

L'amour que tu as pour ton Sauveur,

L'amour que tu as pour ton Seigneur,

Demande-lui pardon,

Il te pardonne car Il est bon.

Il est grand et puissant,

Il a payé de son sang,

Il a payé de sa vie

Ta liberté et ton sursis.

Le combat spirituel

Chaque matin lorsque je me lève,

Je garde ta parole dans mon cœur,

Je me dit "Il faut que je relève

Les défis de la vie. C'est l'heure

De prendre position, de combattre

Le bon et juste combat,

De ne pas se laisser abattre,

De ne pas perdre la foi.

Il est temps d'oublier

Les erreurs du passé,

Il est temps de se dresser

Pour ne pas être tenté.

Que mon orgueil mal placé

Laisse place à l'humilité".

Et chaque jour je me rappelle

Cette promesse que tu m'as faite,

La plus importante et la plus belle,

Celle qui met mon cœur en fête :

"N'oublie jamais ; Satan se souvient de ton passé,

Mais ton avenir lui est voilé,

Mais moi, j'ai effacé ton passé

Et ton avenir est tracé,

Je l'ai entre mes mains,

Ne te préoccupe pas de demain".

<u>Contraste</u>

L'oiseau s'envole. Liberté.

L'artiste est muselé. Répression.

L'oiseau chante sur sa branche. Liberté.

L'artiste est prié de se taire. Répression.

Le vent souffle du Nord au Sud. Liberté.

Le chrétien est persécuté au Nord comme au Sud. Persécution.

Le vent s'agite dans les branches. Liberté.

Le chrétien se cache dans une cave. Persécution.

Qui que tu sois, où que tu sois, tu es concerné.

Mais de quel côté es-tu ? Libre ? ou persécuté ?

Page blanche

Une vie qui compte à tes yeux,

Un cœur que tu veux attirer,

Un homme honteux

A cause de ce qu'il a fait.

Une vie que tu as donnée,

Un cœur que tu as façonné,

Une femme qui se sent abandonnée

Et mal-aimée.

Page blanche,

Tu réécris notre histoire.

Page blanche,

Tu nous donnes une nouvelle chance.

Un cœur éloigné,

Une âme perdue,

Mais la guerre est gagnée,

A la croix Tu as vaincu.

Tu permets à chacun

De (re)trouver le chemin

Qui mène à ton cœur de Père,

Ô Jésus, toi qui nous libères.

Page blanche,

Ma vie recommence.

Page blanche,

Tu nous donnes une nouvelle chance.

Quel que soit le passé,

Peu importe ce qu'on a fait,

Ton sang a coulé

Pour tout effacer.

Oui, je veux morebooks!

I want morebooks!

Buy your books fast and straightforward online - at one of the world's fastest growing online book stores! Environmentally sound due to Print-on-Demand technologies.

Buy your books online at
www.get-morebooks.com

Achetez vos livres en ligne, vite et bien, sur l'une des librairies en ligne les plus performantes au monde!
En protégeant nos ressources et notre environnement grâce à l'impression à la demande.

La librairie en ligne pour acheter plus vite
www.morebooks.fr

OmniScriptum Marketing DEU GmbH
Heinrich-Böcking-Str. 6-8
D - 66121 Saarbrücken
Telefax: +49 681 93 81 567-9

info@omniscriptum.com
www.omniscriptum.com

www.ingramcontent.com/pod-product-compliance
Lightning Source LLC
Chambersburg PA
CBHW031243160426
43195CB00009BA/584